ムーミンとゆかいな仲間たち

ワンポイント刺しゅう図案

スウェーデン語系フィンランド人、

トーベ・ヤンソンによって生み出されたムーミン。

小説、コミック、絵本からアニメまで、

今もなお世界中で愛され続けています。

本書では、ムーミントロールとその家族、親友や友達、恋人など、

仲間たちとの楽しい瞬間を、刺しゅう図案として登場させました。

励ましてくれたり、勇気をもらえたり、

たまにはのんびりしてもいいんじゃない？と、

やさしく語りかけてくれるようなシーンを切り取って。

楽しげなムーミントロールたちが、

いつも隣に寄り添ってくれるようなあたたかさをお届けします。

Contents

作品集

Sampler

図案の見方

※○の中の数字は糸の本数
※指定以外は2本どり　}　各図案で使用する糸の色や
※刺しゅう糸の色は指定以外 3799　}　ステッチに関する共通の指定です

生地
フリーステッチ用コットンクロス　}　ステッチに使用した生地
（ホワイト）

＊Sはステッチの略

＊実物大図案の数字はDMC25番
　刺しゅう糸の色番号

＊図案は原画を基にしていますので、
　一部作品と異なる部分もあります。
　作品ページを参考にしながら刺してください。

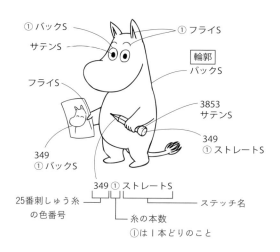

① バックS　　　　　　　　① フライS
サテンS
　　　　　　　　　　　　　輪郭
フライS　　　　　　　　　バックS

　　　　　　　　　　　　　3853
　　　　　　　　　　　　　サテンS
349　　　　　　　　　　　349
① バックS　　　　　　　① ストレートS

349　①　ストレートS
25番刺しゅう糸　　　　　　ステッチ名
の色番号
　　　　　　糸の本数
　　　　　　①は1本どりのこと

A

どこでもいっしょ
ブローチ

ムーミントロールと
スノークのおじょうさん

輪郭を縁どったブローチは、ふん
わりとわたを詰めました。ムーミ
ントロールのトレードマークの
しっぽはタッセルです。

製作：kana
How to make：P54（ムーミントロール）
　　　　　　　 P60（スノークのおじょうさん）

リトルミイ

タマネギ型のおだんご頭に髪を結い、望遠鏡
を大事に抱えてどこへ出かけるのでしょうか。
洋服のボタンはビーズを縫いとめています。

製作：kana
How to make：P51

ムーミンパパとムーミンママ

トレードマークのシルクハットは釣りの
ときでも手放しません。ムーミンママも
黒のバッグを持って仲よく寄り添います。

製作：kana
How to make：P58（ムーミンパパ）
　　　　　　　P60（ムーミンママ）

B

ハンカチーフ

からだは小さいけれど、勇敢なリトルミイ。
いつも持ち歩くハンカチにステッチして、
いざというときには勇気をもらって!

刺しゅう:渡部友子
実物大図案:P26

ブラウスに
ワンポイント

大きくてとがった耳が目印のスニフ。キラキラしたものに目がなく、ポケットの中を物色中。目の前のかわいいお花にも気づいてね！

刺しゅう：渡部友子
実物大図案：P39

D E

ほっこりティーセット

今日のおやつは？とのぞき込んだり、ポット
の中身はコーヒーね！と当てたり――。
ティータイムが楽しくなるセット。ポット
マットはキルト芯3枚重ねでふかふかです。

製作：相﨑美帆
How to make：P62（ポットマット）、P63（ランチョンマット）

F
あったかブレッドカバー

ランチタイムまでつまみ食いは禁止よ！
と見張る仲よし3人組。一枚布にステッチ
し、四隅を三つ折りして仕上げています。

製作：相﨑美帆
How to make：P63

G

木の葉とツリーの
しおり

読書タイムに、タッセルをつけ
たしおりをそっと忍ばせて。ツ
リーにかければ、このままオー
ナメントとしても飾れます。

製作：kana
How to make：P64

絵描きのスケッチブック

ムーミントロールといっしょにお絵描きを楽しんで♪　自画像スケッチを楽しむ様子を並べて表紙に貼りました。1つずつ、色鉛筆とイラストの色を変えているのがポイントです。

製作：kana
How to make：P66

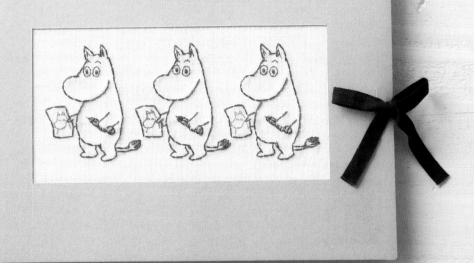

ムーミンやしきと
仲よしフレーム

サンプラー刺しゅうしたものを、
そのままフープに入れて飾って
も。玄関やリビングなど、やさし
く、楽しい空間ができ上がります。

刺しゅう：相﨑美帆（ムーミンやしき）
　　　　渡部友子（仲よし）
実物大図案：P38（ムーミンやしき）
　　　　　　P19（仲よし）

J

ぺたんこ
ミニきんちゃく

シンプルなきんちゃくにはモノトーンでステッチ。スナフキンは輪郭のみ、ニョロニョロたちはぷっくり刺し埋めて立体感を出しました。

製作：相﨑美帆
How to make：P68

Sampler

サンプラー刺しゅう

ムーミントロール

ふさのついたしっぽと、丸くて白いからだが特徴のムーミン族の男の子。好奇心旺盛なムーミントロールは、虫取りやスケッチにも挑戦。虫取り網はチュールを使っています。

刺しゅう：kana
実物大図案：P18

スノークのおじょうさん

ムーミントロールのガールフレンド、スノーク
のおじょうさんはおしゃれが大好き。ご自慢の
きれいな髪に、花の髪飾りでおめかしです。

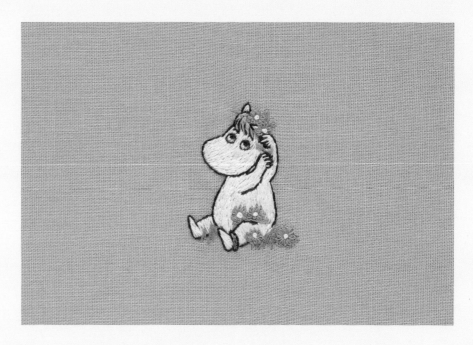

仲よし

花畑で仲よく過ごす恋人同士。ムーミント
ロールは、ぽかぽか陽気の春がずっと続けば
いいのにな、と思っているに違いありません。

刺しゅう：kana（スノークのおじょうさん）、渡部友子（仲よし）
実物大図案：P19

【実物大図案】

P16 ムーミントロール

※○の中の数字は糸の本数
※指定以外は2本どり
※刺しゅう糸の色は指定以外3799

生地
フリーステッチ用コットンクロス（ホワイト）

【刺しゅう糸以外の材料】
チュール（水色）5cm四方

【手の刺し方】

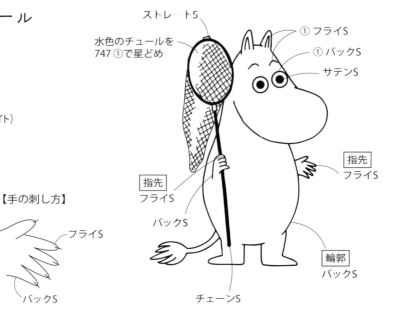

P16 ムーミントロール

※○の中の数字は糸の本数
※指定以外は2本どり
※刺しゅう糸の色は指定以外3799

生地
フリーステッチ用コットンクロス（ホワイト）

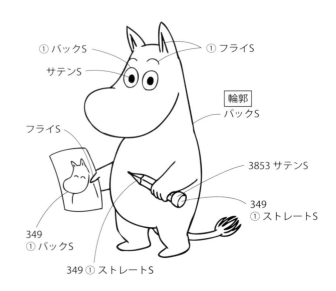

P17 スノークのおじょうさん

※○の中の数字は糸の本数
※指定以外は2本どり
※刺しゅう糸の色は指定以外3799

生地
フリーステッチ用コットンクロス
（オリーブグリーン）

【目の刺し方】

白目と黒目でサテンSの
刺す方向を変える

725
ロングアンドショートS

フライS

サテンS

B5200 ① サテンS

① バックS

B5200
ロングアンドショートS

760
レイジーデイジーS

702 ストレートS

輪郭
バックS

760 レイジーデイジーS

B5200
フレンチノットS
2回巻き

702 ストレートS

E3852
ロングアンドショートS

P17 仲よし

※○の中の数字は糸の本数
※指定以外は2本どり
※刺しゅう糸の色は指定以外413
※指定のない刺し埋め部分はサテンS

生地
フリーステッチ用コットンクロス
（ペールグレー）

【黒目の刺し方】

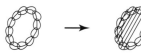

輪郭に沿って
① スプリットSを
刺す

スプリットSを
隠すように
① サテンSを刺す

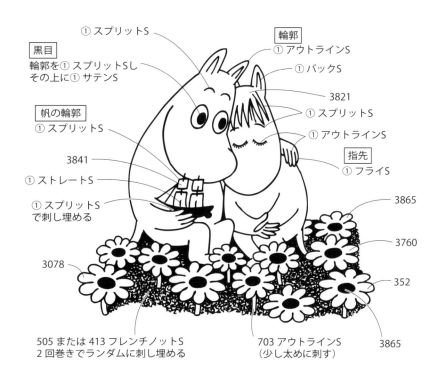

① スプリットS

黒目
輪郭を① スプリットSし
その上に① サテンS

帆の輪郭
① スプリットS

3841

① ストレートS

① スプリットS
で刺し埋める

輪郭
① アウトラインS

① バックS

3821

① スプリットS

① アウトラインS

指先
① フライS

3865

3760

352

3865

3078

505 または 413 フレンチノットS
2回巻きでランダムに刺し埋める

703 アウトラインS
（少し太めに刺す）

ムーミンパパ

冒険家のムーミンパパ、今日はステッキを釣
り竿に持ち替えて魚釣りを楽しみます。リー
ルはフェルト、ルアーはビーズやワイヤーで
デザイン。シルクハットは革を使っています。

パパとスティンキーの
ないしょ話

黒くて毛むくじゃらのスティンキーのから
だは、ランダムにストレートステッチで刺
し埋めて。いたずら好きのスティンキーが
パパに何を伝えているのか気になります。

刺しゅう：kana（ムーミンパパ）、相﨑美帆（ないしょ話）
実物大図案：P22

20

ムーミンママ

おおらかで愛情深いムーミンママは、赤と白
のしましまエプロンと黒のバッグが必須アイ
テム。大事にしているバラを頭に飾り、今日
も家族みんなのためにベリー摘みです。

刺しゅう：kana
実物大図案：P23

【実物大図案】

P20　ムーミンパパ

※○の中の数字は糸の本数
※指定以外は2本どり
※刺しゅう糸の色は指定以外310

生地
フリーステッチ用コットンクロス（ライトブルー）

【刺しゅう糸以外の材料】
#26ワイヤー　約20cm
革（黒）3cm四方
竹ビーズ（白）1個
丸小ビーズ（赤）1個
フェルト（黄緑）3cm四方

【釣り竿の縫いとめ方】

3. 縫いとめた糸を
そのまま垂らす

2. 巻きかがりした
ワイヤーを
縫いとめる

＊ワイヤーに巻きかがる
方法はP54参照

4. ワイヤーを
縫いとめる

5. 糸に竹ビーズを
通して縫いとめる

6. 続けて糸に丸小ビーズ
を通して縫いとめる

1. フェルトを貼る

ワイヤーに310②で
巻きかがる

310①
糸を垂らす

ワイヤーで形づくり
310①で縫いとめる

竹ビーズ

丸小ビーズ

B5200 ストレートS

釣り竿の上にフライS

646 ストレートS

フェルト（黄緑）は
上からの刺しゅうで
縫いとめる

革の上から
B5200 バックS

① フライS

革を310①で
縫いとめる

革の上から B5200
ロングアンド
ショートS

輪郭
バックS

① バックS

B5200
ロングアンド
ショートS

指先
フライS

P20　ないしょ話

※○の中の数字は糸の本数
※指定以外は1本どり
※刺しゅう糸の色は指定以外3799
※指定のない刺し埋め部分はサテンS

生地
フリーステッチ用コットンクロス
（ライトブルー）

ストレートS

B5200

体
② ストレートSで
ランダムに刺したあと、
ストレートSで
周囲の毛並みや全体を整える

ストレートS

B5200

ストレートS

輪郭
アウトラインS

B5200
ロングアンド
ショートS

バックS

P21 ムーミンママ

※○の中の数字は糸の本数
※指定以外は1本どり
※刺しゅう糸の色は指定以外3799
※リボンは349、それ以外は310 1本どりで縫いとめる

生地
フリーステッチ用コットンクロス
（ホワイト）

【刺しゅう糸以外の材料】

革（黒）2cm四方
0.4cm幅サテンリボン（赤）10cm
直径5mmCカン（ゴールド）2個
直径2.5mmビーズ（ゴールド）1個

【手の刺し方】

② バックS

フライS

フライS
フライS
サテンS
バックS

輪郭
② バックS

指先
フライS

0.4cm幅サテンリボンを
蝶結びっぽく折りたたむ

310 ⑥ ストレートS
直径2.5mmビーズ
直径5mmCカン
646 ② サテンS

B5200 ②
ロングアンドショートS

349 ②
ロングアンドショートS

革

フライS
911 ② サテンS
349 ② バリオンローズS

輪郭
② バックS

フライS

指先
② フライS

349 ② サテンS

丸小ビーズ

310 ⑥ アウトラインS

直径2.5mmビーズ

革

長さ1.5cm9ピン

646 ② サテンS

B5200、349 ②
ロングアンドショートSを
交互に刺す

B5200 ②
ロングアンドショートS

革

グラデーション
67 ③ ホイールS

P21 ムーミンママ

※○の中の数字は糸の本数
※指定以外は1本どり
※刺しゅう糸の色は指定以外3799
※リボンと丸小ビーズは349、
　それ以外は310 1本どりで縫いとめる

生地
フリーステッチ用コットンクロス（ホワイト）

【刺しゅう糸以外の材料】

革（黒）5cm四方
長さ1.5cm9ピン　2本
直径2.5mmビーズ（ゴールド）1個
丸小ビーズ（赤）46個

革

革の上から
B5200 ② バックS

革の上からB5200 ②
ロングアンドショートS
を刺す

リトルミイの大冒険

リトルミイはスリルが好きで、自分のことは
自分で決めて突き進む女の子。誰にも負けな
い強さを持ち、いつも元気づけてくれます。

刺しゅう：渡部友子（氷上＆考え事）、kana（天体観測）
実物大図案：P26

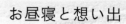

お昼寝と想い出

ムーミンママの裁縫かごで眠っていたり、花畑
で何やら考え中のリトルミイ。土台布に色を
使ったら、シンプルに単色ステッチも素敵です。

刺しゅう：渡部友子
実物大図案：P27

【実物大図案】

P24 リトルミイの大冒険

※○の中の数字は糸の本数
※指定以外は1本どり
※刺しゅう糸の色は指定以外3799
※指定のない刺し埋め部分はサテンS

【刺しゅう糸以外の材料】
フェルト（グレー）5cm四方
革（グレー）3cm四方
0.5cm幅サテンリボン　2cm

生地
フリーステッチ用コットンクロス
（ライトハニー）

※顔や洋服の細かな線はストレートSで刺す
※フェルトは上からの刺しゅうで、革は3743 1本どりで縫いとめる

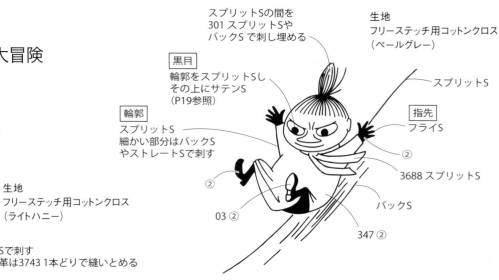

スプリットSの間を
301 スプリットSや
バックS で刺し埋める

生地
フリーステッチ用コットンクロス
（ペールグレー）

黒目
輪郭をスプリットSし
その上にサテンS
（P19参照）

スプリットS

輪郭
スプリットS
細かい部分はバックS
やストレートSで刺す

指先
フライS
②

②

3688 スプリットS

03 ②

バックS

347 ②

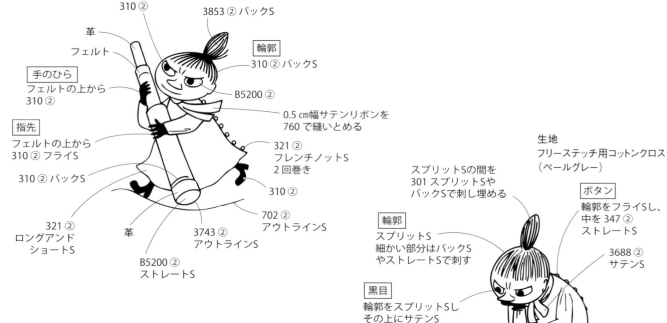

310 ②

3853 ② バックS

革

フェルト

手のひら
フェルトの上から
310 ②

輪郭
310 ② バックS

B5200 ②

0.5 cm幅サテンリボンを
760 で縫いとめる

指先
フェルトの上から
310 ② フライS

310 ② バックS

321 ②
ロングアンド
ショートS

革

B5200 ②
ストレートS

3743 ②
アウトラインS

321 ②
フレンチノットS
2 回巻き

310 ②

702 ②
アウトラインS

生地
フリーステッチ用コットンクロス
（ペールグレー）

スプリットSの間を
301 スプリットSや
バックSで刺し埋める

ボタン
輪郭をフライSし、
中を 347 ②
ストレートS

輪郭
スプリットS
細かい部分はバックS
やストレートSで刺す

3688 ②
サテンS

黒目
輪郭をスプリットSし
その上にサテンS
（P19参照）

ストレートS

指先
フライS

②

②

347 ②

フライS

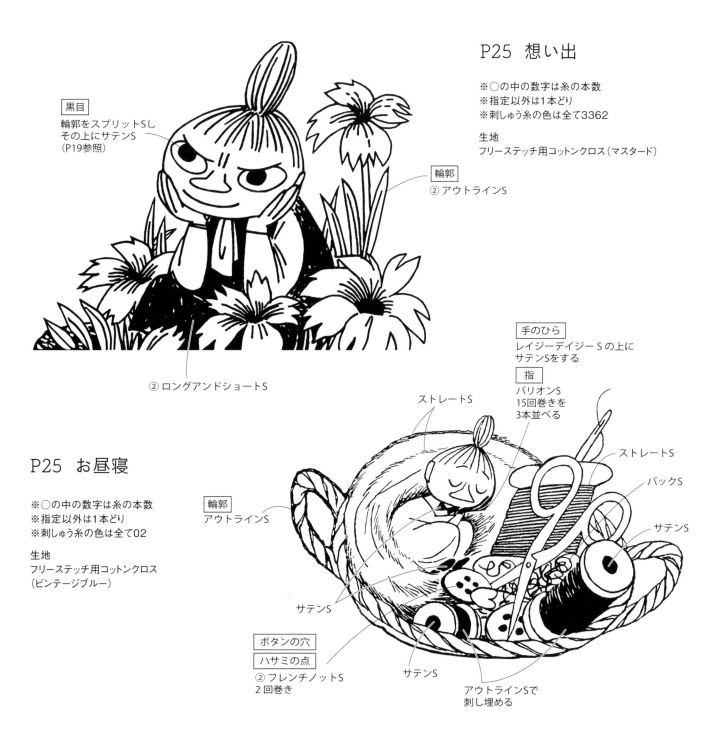

P25 想い出

※○の中の数字は糸の本数
※指定以外は1本どり
※刺しゅう糸の色は全て3362

生地
フリーステッチ用コットンクロス（マスタード）

黒目
輪郭をスプリットSし
その上にサテンS
（P19参照）

輪郭
② アウトラインS

② ロングアンドショートS

手のひら
レイジーデイジー S の上に
サテンSをする

指
バリオンS
15回巻きを
3本並べる

ストレートS

ストレートS

バックS

サテンS

P25 お昼寝

※○の中の数字は糸の本数
※指定以外は1本どり
※刺しゅう糸の色は全て02

生地
フリーステッチ用コットンクロス
（ビンテージブルー）

輪郭
アウトラインS

サテンS

ボタンの穴
ハサミの点
② フレンチノットS
2 回巻き

サテンS

アウトラインSで
刺し埋める

キャンプ

自由に旅することをこよなく愛するスナフキ
ン。今日もひとり気ままに、リュックサック
ひとつでキャンプに出かけます。

演奏会

緑色の古ぼけた帽子と着古した服がスナフキ
ンのお決まりのスタイル。さぁ、今日もアコー
ディオンの演奏会が始まります♪

刺しゅう：渡部友子（キャンプ）、kana（演奏会）
実物大図案：P30

スニフ

ムーミントロールとスナフキンの友達スニ
フ。臆病者でいつもびくびくしていますが、
お宝を見つけると大興奮して喜びます。

ニョロニョロ

集団でゆらゆら揺れながら移動する謎の生き
物ニョロニョロ。ボートに乗るときはいつも
奇数だとか。海の波模様はグラデーション糸
を使って陰影をつけましょう。

刺しゅう：kana
実物大図案：P31

【実物大図案】

P28 キャンプ

※○の中の数字は糸の本数
※指定以外は2本どり
※刺しゅう糸の色は指定以外3799
※指定のない刺し埋め部分はサテンS

生地
フリーステッチ用コットンクロス（スモーキーブルー）

【ベルトの刺し方】

① スプリットS ─── フライS

① ストレートS

【手の刺し方】

① スプリットS ─── 間をストレートSで埋める

指先のみフライS

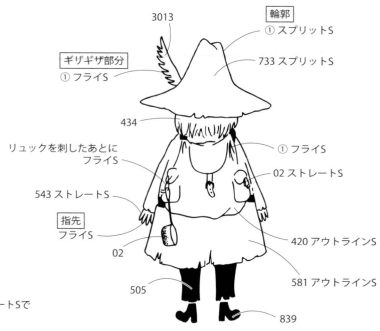

3013

輪郭
① スプリットS

ギザギザ部分
① フライS

733 スプリットS

434

① フライS

リュックを刺したあとに
フライS

02 ストレートS

543 ストレートS

指先
フライS

02

420 アウトラインS

581 アウトラインS

505

839

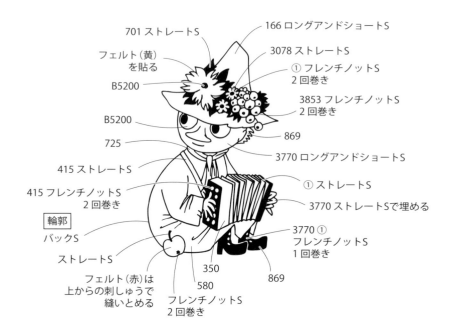

701 ストレートS

166 ロングアンドショートS

フェルト（黄）
を貼る

3078 ストレートS

B5200

① フレンチノットS
2回巻き

B5200

3853 フレンチノットS
2回巻き

725

869

415 ストレートS

3770 ロングアンドショートS

415 フレンチノットS
2回巻き

① ストレートS

3770 ストレートSで埋める

輪郭
バックS

3770 ①
フレンチノットS
1回巻き

ストレートS

350

580

869

フェルト（赤）は
上からの刺しゅうで
縫いとめる

フレンチノットS
2回巻き

P28 演奏会

※○の中の数字は糸の本数
※指定以外は2本どり
※刺しゅう糸の色は指定以外310
※指定のない刺し埋め部分はサテンS
※目、鼻、口の細かな線は1本どりバックS

生地
フリーステッチ用コットンクロス
（スモーキーブルー）

【刺しゅう糸以外の材料】

フェルト（黄）3cm四方
フェルト（赤）2cm四方

P29　スニフ

※○の中の数字は糸の本数
※指定以外は2本どり
※刺しゅう糸の色は指定以外310
※指先、しっぽの先はフライS

生地
フリーステッチ用コットンクロス（マスタード）

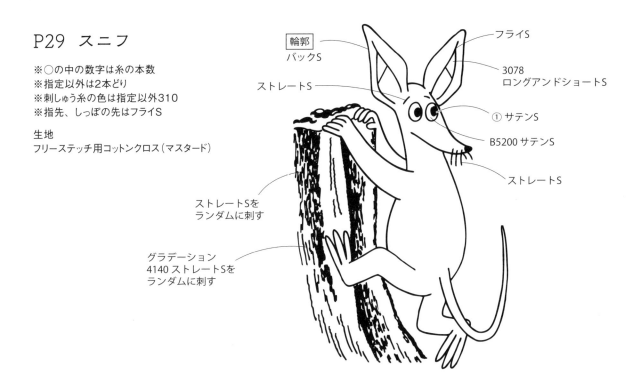

輪郭
バックS

フライS

3078
ロングアンドショートS

ストレートS

① サテンS

B5200 サテンS

ストレートS

ストレートSを
ランダムに刺す

グラデーション
4140 ストレートSを
ランダムに刺す

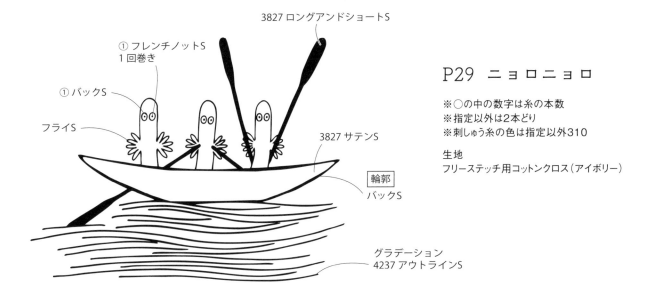

3827 ロングアンドショートS

① フレンチノットS
1回巻き

① バックS

フライS

3827 サテンS

輪郭
バックS

グラデーション
4237 アウトラインS

P29　ニョロニョロ

※○の中の数字は糸の本数
※指定以外は2本どり
※刺しゅう糸の色は指定以外310

生地
フリーステッチ用コットンクロス（アイボリー）

ムーミン一家の水遊び

飛び込み台を利用し、海へ飛び込んで遊ぶ仲
よし家族。ひょっこり顔だけ出しているリト
ルミイは何やら言いたげ。波紋の動きを出す
ため、青と白を重ねてステッチしています。

刺しゅう：相﨑美帆
実物大図案：P34

K

ちょっとそこまで
ミニトート

P32の図案をそのまま利用し、バッグのワンポ
イントに。ムーミンパパはポケットにダイブ
するように、リトルミイはポケットの中に隠
れてこっそりこちらをのぞくようにデザイン。

製作：相﨑美帆
How to make：P35

【実物大図案】

P32 ムーミン一家の水遊び

※○の中の数字は糸の本数
※指定以外は2本どり
※刺しゅう糸の色は指定以外310
※指定のない刺し埋め部分はサテンS

生地
フリーステッチ用コットンクロス（ビンテージブルー）

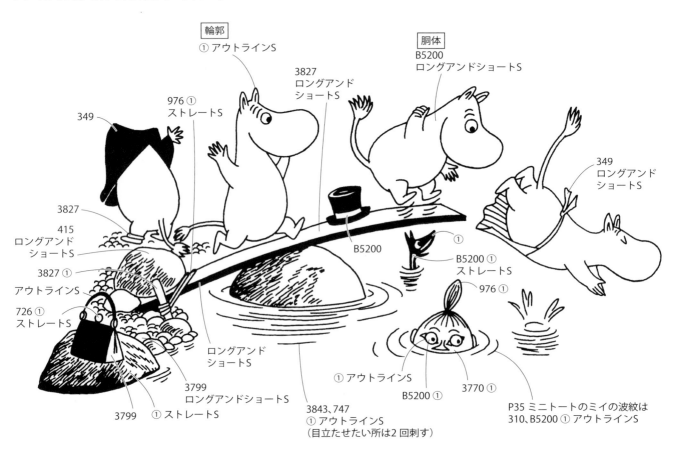

輪郭
① アウトラインS

3827
ロングアンド
ショートS

胴体
B5200
ロングアンドショートS

976 ①
ストレートS

349

349
ロングアンド
ショートS

3827
415
ロングアンド
ショートS

3827 ①
アウトラインS

726 ①
ストレートS

B5200

① ①

B5200 ①
ストレートS

976 ①

ロングアンド
ショートS

3799
ロングアンドショートS

3799 ① ストレートS

3843、747
① アウトラインS
（目立たせたい所は2回刺す）

① アウトラインS

B5200 ①

3770 ①

P35 ミニトートのミイの波紋は
310、B5200 ① アウトラインS

P33 　K̲　ちょっとそこまでミニトート

でき上がり：各約縦16×17cm、まち幅約8cm

【材料】（1個分）
表布27×42cm 1枚、裏布27×42cm 1枚、持ち手8×26cm 2枚、
ポケット12.5×10.5cm 1枚、接着芯35×40cm 1枚
※刺しゅう糸の色はP34を参照
※表布・持ち手・ポケットはフリーステッチ用コットンクロス（マスタード・スモーキーブルー・
　ビンテージブルー）、裏布はコットン生地（グレー）を使用
☆表布は大きめに用意し、刺しゅうをしてからカットする

【寸法図】

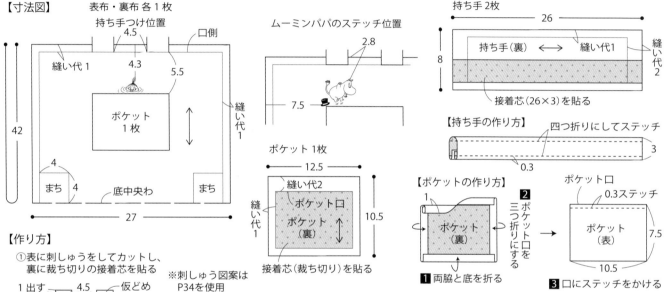

表布・裏布 各1枚
持ち手つけ位置
4.5
口側
縫い代1
4.3
5.5
縫い代1
42
ポケット
1枚
4
まち　4
底中央わ
まち
27

ムーミンパパのステッチ位置
2.8
7.5

持ち手 2枚
26
持ち手（裏）　←→　縫い代1
縫い代2
8
接着芯（26×3）を貼る

【持ち手の作り方】 四つ折りにしてステッチ
3
0.3

ポケット 1枚
12.5
縫い代2
縫い代1
ポケット口
ポケット
（裏）
10.5
接着芯（裁ち切り）を貼る

【ポケットの作り方】
1
ポケット
（裏）
1 両脇と底を折る
2 ポケット口を三つ折りにする
ポケット口
0.3ステッチ
ポケット
（表）
7.5
10.5
3 口にステッチをかける

【作り方】

①表に刺しゅうをしてカットし、
　裏に裁ち切りの接着芯を貼る

1 出す　4.5　仮どめ
持ち手
表布
（表）
ポケット（表）
縫う

※刺しゅう図案は
　P34を使用

②ポケットを作り、
　表布に縫いつける
③持ち手を2本作り、
　表布に仮どめする

④表布と裏布を
　中表に合わせ、
　口を縫う

表布（表）
1
口側
裏布（裏）
口側
1

⑤表布・裏布をそれぞれ
　中表に合わせ、両脇を縫う
　（裏布に返し口を縫い残す）

1
裏布（裏）
返し口10
口側
表布（裏）
1

⑥まちを縫う
脇　（裏）
4　4
1
カット

⑦表に返して返し口をとじる
⑧口にステッチをかける

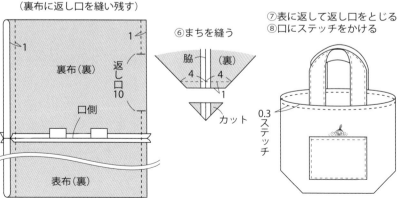

0.3
ステッチ

35

ムーミンやしき

いつもあたたかくみんなを迎えてくれるムー
ミンやしきは、ムーミンパパが建設。青い壁
と赤い屋根が目印です。屋根の一部と壁は
チェーンステッチで刺し埋めました。

刺しゅう：相﨑美帆
実物大図案：P38

仲よくお散歩

みんな並んでお散歩。輪郭はスプリットス
テッチで細かく刺し、スナフキンやスニフの
手はフライステッチの中にストレートステッ
チを刺して埋めています。

刺しゅう：渡部友子
実物大図案：P39

【実物大図案】

P36　ムーミンやしき

※○の中の数字は糸の本数
※指定以外は2本どり
※刺しゅう糸の色は指定以外3799
※指定のない刺し埋め部分はサテンS

生地
フリーステッチ用コットンクロス（ホワイト）

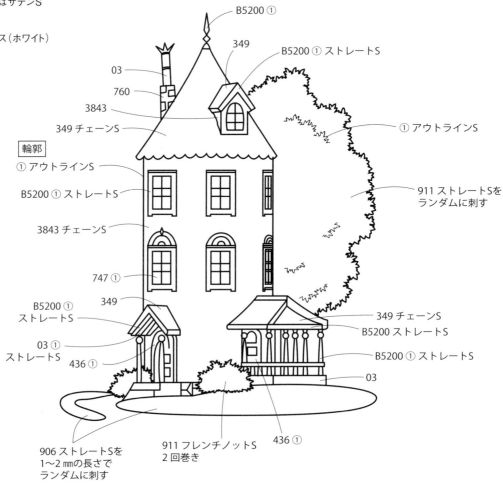

B5200 ①

349

B5200 ① ストレートS

03

760

3843

349 チェーンS

① アウトラインS

輪郭
① アウトラインS

B5200 ① ストレートS

3843 チェーンS

747 ①

B5200 ①
ストレートS

349

03 ①
ストレートS

436 ①

911 ストレートSを
ランダムに刺す

349 チェーンS
B5200 ストレートS

B5200 ① ストレートS

03

436 ①

906 ストレートSを
1〜2 mmの長さで
ランダムに刺す

911 フレンチノットS
2 回巻き

P37 仲よくお散歩

※○の中の数字は糸の本数
※指定以外は2本どり
※刺しゅう糸の色は指定以外3799
※指定のない刺し埋め部分はサテンS

生地
エミークロス（オフホワイト）

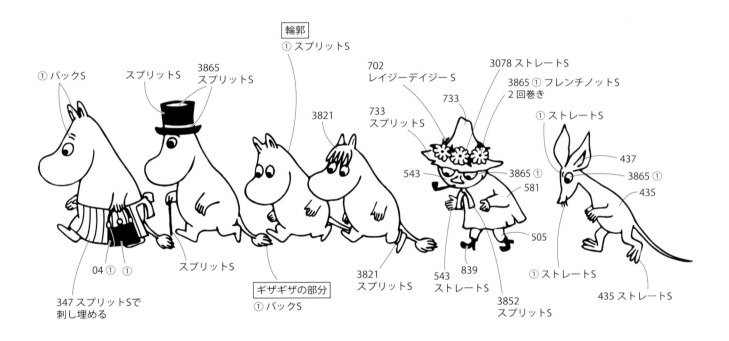

① バックS

スプリットS

3865
スプリットS

輪郭
① スプリットS

3821

702
レイジーデイジー S

733

733
スプリットS

3078 ストレートS

3865 ① フレンチノットS
2 回巻き

① ストレートS

437

543

3865 ①

581

3865 ①

435

04 ① ①

スプリットS

ギザギザの部分
① バックS

3821
スプリットS

543
ストレートS

839

① ストレートS

435 ストレートS

347 スプリットSで
刺し埋める

3852
スプリットS

505

バッグの持ち手
スプリットS

バッグの金具
727 ① フレンチノットS
2 回巻き

【手の刺し方】
① スプリットS
① ストレートS
① フライS

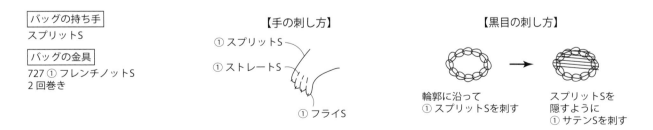

【黒目の刺し方】

輪郭に沿って
① スプリットSを刺す

スプリットSを
隠すように
① サテンSを刺す

ムーミンとゆかいな仲間たち

仲間といっしょに過ごすムーミントロールはなんだか楽しげ。みんなで夏まつりの相談でもしているのでしょうか。

刺しゅう：渡部友子

実物大図案：P42

40

見張り番

何やら辺りをうかがい、嵐や彗星を気にしている様子。顔やからだは土台の布をそのままに、アンクレットや髪の毛、ワンピース、リボンに色をつけました。

刺しゅう：渡部友子
実物大図案：P43

【実物大図案】

P40 ムーミンと
ゆかいな仲間たち

※○の中の数字は糸の本数
※指定以外は2本どり
※刺しゅう糸の色は指定以外3799
※指定以外の刺し埋め部分はサテンS
※指先、ニョロニョロの手はフライS

生地
フリーステッチ用コットンクロス
（ターコイズグリーン）

【手の刺し方】

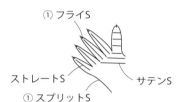

① フライS

ストレートS   サテンS

① スプリットS

細かい所はストレートS
太い所はサテンS

【黒目の刺し方】

 →

輪郭に沿って
① スプリットS
を刺す

スプリットSを
隠すように
① サテンSを刺す

435 アウトラインS
で埋める

437
アウトラインS

スプリットS

733 スプリットSで
埋める

輪郭
① スプリットS

① フライS

① バックS

白目
3865 スプリットS
で刺し埋める

① バックS

301 ①
スプリットSや
バックSで
間を埋める

543 ①

3688

347

3865 アウトラインS
で埋める

3865

① バックS

839

505

① ストレートS

915

12

434

543 ①

3852

543

581

① ストレートS

3865 ストレートS

3865

【ニョロニョロの手の刺し方】

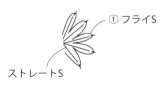

① フライS

ストレートS

42

P41 見張り番

※○の中の数字は糸の本数
※指定以外は1本どり
※刺しゅう糸の色は指定以外3799
※指定以外の刺し埋め部分はサテンS

生地
フリーステッチ用コットンクロス（スモーキーブルー）

【手の刺し方】

アウトラインS　　　　　　指先のみ
　　　　　　　　　　　　フライS

バックS

3821 ② アウトラインS
で刺し埋める

バックS

バックS

輪郭
アウトラインS

ミイの髪の毛
スプリットSの間を
301 バックS（細かい所）
スプリットS（太い所）
で刺し埋める

ミイの顔
額のしわはストレートS
それ以外はスプリットS

347 フレンチノットS
2回巻き

3688 ②
ストレートS

3821 ② チェーンS　　347 ②　　②

【黒目の刺し方】

 →

輪郭に沿って
スプリットSを刺す

スプリットSを
隠すように
サテンSを刺す

【ミイの手の刺し方】

　　フライS

② ストレートS

L

フラワーコースター

カラフルな花とリトルミイやニョロニョロを
合わせてコースターに。ステッチをしたあと、
表布には接着芯を貼って仕上げています。

製作：渡部友子
How to make：P46

フラワーガーデン

作品のワンポイントに、洋服の衿などにも使える花のサンプラー。あたたかな春が大好きなムーミン一家には、いつも花を添えてあげて。

刺しゅう：渡部友子
実物大図案：P47

P44

L フラワーコースター

でき上がり：各約11cm四方

【材料】（1枚分）
表布（リネン） 13cm四方2枚
接着芯 13cm四方1枚
25番刺しゅう糸
※刺しゅう糸の色は実物大図案参照
☆表布は大きめに用意し、刺しゅうをしてからカットする

【作り方】

①表に刺しゅうをし、裏に接着芯を貼る

縫い代1

縫い代1

2

2

縫い代1

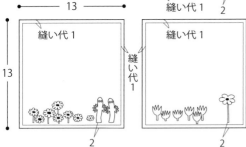

13

13

縫い代1

縫い代1

2

2

②表布と裏布を中表に重ね、返し口を残して周囲を縫う

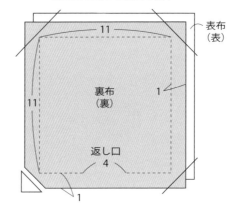

11

11

1

表布（表）

裏布（裏）

返し口
4

③縫い代の角を斜めにカットする

1

④表に返して返し口をまつる

【実物大図案】

※ステッチの種類、刺しゅう糸の色は
花はP47、リトルミイとニョロニョロはP42を参照

【花の刺し方】

① フライS
① サテンS
② レイジーデイジーS
② ストレートS

【実物大図案】
P45
フラワーガーデン

※○の中の数字は糸の本数
※指定以外は2本どり
※刺しゅう糸の色は指定以外3799
※指定のない刺し埋め部分はサテンS
※花芯は3078または3865 サテンSで刺す

生地
エミークロス（オフホワイト）

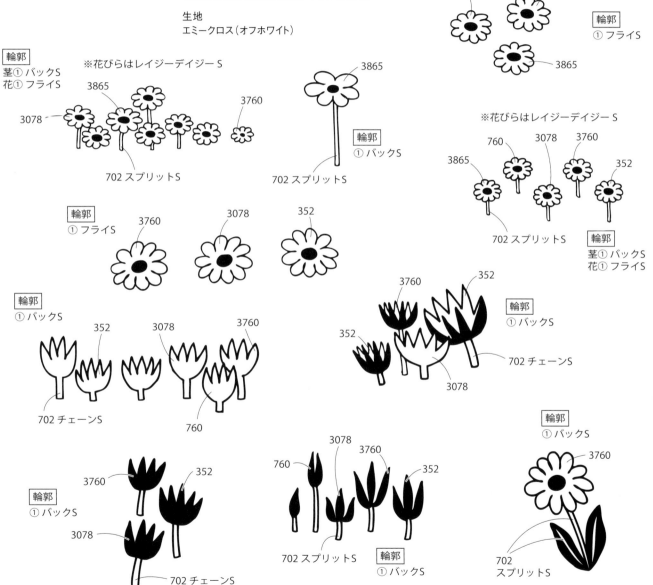

輪郭
茎① バックS
花① フライS

※花びらはレイジーデイジー S

3865
3078
3760
702 スプリットS

3865
3760
輪郭
① バックS
702 スプリットS

3078
3760
輪郭
① フライS
3865

※花びらはレイジーデイジー S

760
3078
3760
3865
352
702 スプリットS
輪郭
茎① バックS
花① フライS

輪郭
① フライS
3760
3078
352

輪郭
① バックS
352
3078
3760
702 チェーンS
760

352
3760
352
3078
輪郭
① バックS
702 チェーンS

輪郭
① バックS
3760
352
3078
702 チェーンS

760
3078
3760
352
702 スプリットS
輪郭
① バックS

輪郭
① バックS
3760
702
スプリットS

作りはじめる前に

美しく仕上げるためには、適した道具や材料を使うこともコツのひとつ。
少しずつそろえていくといいでしょう。
刺し方のコツや糸始末の方法なども作品製作にお役立てください。

道具

刺しゅうをする際に必要な道具と、あると便利な道具をご紹介。
専用の道具を使うと作業効率もアップし、仕上がりにも差が出ます。

フランス刺しゅう針・まち針

針穴が大きく、先がとがったフランス刺しゅう針を使用。まち針は図案を写す際にトレーシングペーパーの固定や、立体刺しゅうの際に使用。

刺しゅう枠

刺しゅうがしやすいように布をピンと張り、固定するための枠。サイズが豊富で、図案の大きさに合わせて選べる。

糸通し（スレダー）

針に糸を通す道具。太めの糸や数本どりの糸でもスムーズに通すことができ、刺しゅう専用のものがあると便利。

手芸用複写紙

布に図案を写すときに使用。水をスプレーするだけで写した線が消える、片面タイプが使いやすい。生地の色によってチャコの色を選んで。

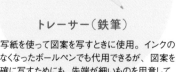

トレーサー（鉄筆）

複写紙を使って図案を写すときに使用。インクの出なくなったボールペンでも代用できるが、図案を正確に写すためにも、先端が細いものを用意して。

水性チャコペン

布に図案を直接描くときや、写したい図案が薄い場合に描き足すときに使用。細い線がなめらかに描け、自然に消えにくいものを選ぶといい。

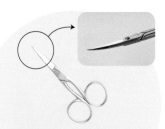

糸切りバサミ（反り刃）

糸をカットするときに使用。刃先が少し反っていて生地を傷つけずに糸をカットできるものが使いやすい。

布切りバサミ

布をカットするときに使用。切れ味のいい専用のハサミを1つ用意しておくと作業がはかどる。

トレーシング
ペーパー

セロハン

トレーシングペーパー・セロハン

トレーシングペーパーは、本から図案を写し取るのに使用。図案を布に写す際にセロハンを重ねると滑りがよくなり、図案を保護する役目も。

糸

この本では、全て25番刺しゅう糸を使用しています。

25番刺しゅう糸

6本の細い糸を緩く撚り合わせた、色数豊富な木綿糸。1本どり、2本どり、3本どり……というふうに、図案や布に合わせて糸の本数を調整して使います。

ラベルは捨てずに取っておいて!

ラベルにはメーカー名や色番号などの情報が記載されている。メーカーによって番号が異なるので、糸と一緒に保管しておくのがおすすめ。

糸の本数と適した針の太さ

針の太さは3〜9番。数字が小さくなるほど針は太く長くなる。糸の本数やステッチの種類によって針の太さを使い分けて。

3番	6本どり
4番	5〜6本どり
5番	4〜5本どり
6番	3〜4本どり
7番	2〜3本どり
8番	1〜2本どり
9番	1本どり

3番 4番 5番 6番 7番 8番 9番

※針の写真は実物大です。
※針番号はクロバーのものです。海外の針などは同じ番号でも太さが異なる場合があります。

糸の取り分け方

糸を指定の本数に引きそろえて使用する際は、1本ずつ引き出してから、再度そろえて刺すのが、ふっくら仕上げるポイントです。

①

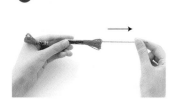

ラベルを軽く押さえながら糸端を引き出す。2つある糸端のうち、片方を少し引いてみて、絡まずにスムーズに動くほうの糸端をゆっくりと引き出し、40〜50cmの長さにカットする。

②

カットした糸を二つに折り、わになった部分から撚り合わさった糸を1本ずつ引き抜く。

③

指定の本数(2本どりの場合は2本)を引き出し、糸端をそろえて整える。6本どりの場合でも、1本ずつ引き出してから糸端をそろえて刺すことで、ふっくらと美しい針目になる。

糸の通し方

数本どりになった糸をそろえて針に通す方法です。糸通しを使ってもOK。

①

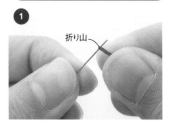

折り山

針に糸端をかけて二つ折りにする。折り山を人さし指と親指でしっかり押さえたまま、一度針を引き抜く。

②

折り山を指でしっかりつぶして平らにし、針の方を折り山に近づけて針穴に糸を通す。

③

針を持ってひじくらいに糸端がくるように糸を折り返すと刺しやすい。

布に図案を写す作業は、ずれないように注意しながら、なるべく細い線で正確に写すのがポイント。ここでは手芸用複写紙を使う方法をご紹介します。

布の上に図案を写したトレーシングペーパーを重ね、まち針でとめる（マスキングテープでとめてもOK）。

手芸用複写紙の色がついている面を下にし、トレーシングペーパーと布の間に挟み、いちばん上にセロハンを重ねる。

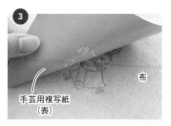

トレーサーで図案をなぞる。途中、図案がきちんと写っているか確認しながら作業を進める。

図案を写し終えたところ。図案の薄い部分があればチャコペンやフリクションペンでなぞって描き足しておく。

刺しゅう枠の使い方

刺しゅう枠を使うと、刺しゅうがしやすく、仕上がりもきれい。サイズも形もさまざまありますが、図案の大きさに合わせて選んでください。

外枠のネジを緩め、内枠から外枠をはずす。

内枠に布を重ね、その上から外枠を垂直にはめる。

一方向だけに布を引っぱると図案が歪むので注意！

少しネジを締め、縦横に布を引っぱり、布がピンと張った状態でネジを締める。

（ 布がたるまないようにするには ）

刺しゅうをしているうちに布がたるんできたら、そのつど張り直します。刺しゅう枠の内枠にバイアス布を巻いておくと、滑り止めになって布がたるみにくくなります。

糸の始末

玉結びや玉どめの結び目の形が表にひびかないように糸の始末をする方法をご紹介します。

（ 線刺し ）

刺し始めから約10cm離れた所から針を入れ、刺し始めに針を出す。糸端は刺し終わってから裏側に引き出し、下の刺し終わりと同様に始末する。

（ 面刺し ）

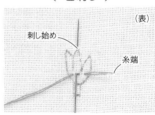

図案の中央で2～3針縫い、ギリギリまで糸端を引き、1針返す。このとき、糸を割るようにして針を刺すと糸をしっかり固定できる。刺し始めに針を出す。

（ 線刺し ）

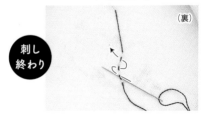

裏側の針目に糸を数回くぐらせ、きわで余分をカットする。

（ 面刺し ）

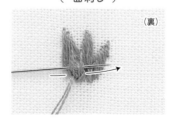

裏側の糸を3～4本すくう。さらに位置を変えて数本すくう。これを2～3回繰り返し、きわで余分をカットする。

（ ブローチの輪郭の糸 ）

裏側の糸を2～3本すくう。これを2～3回繰り返し、きわで余分をカットする。

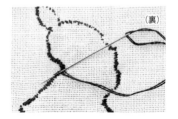

P7 リトルミイのブローチを作りましょう

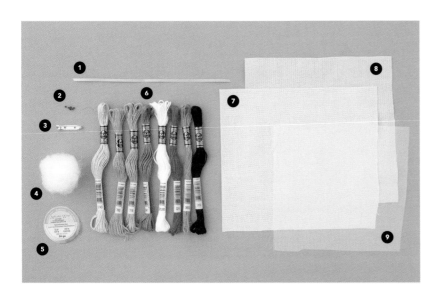

材料

1. 0.5cm幅サテンリボン2cm
2. 丸小ビーズ6個
3. ブローチピン1本
4. わた少々
5. #26ワイヤー約40cm
6. 25番刺しゅう糸
7. 8. 表布・裏布7cm四方各1枚
9. シルクオーガンジー7cm四方1枚

※刺しゅう糸の色番号は下の実物大図案参照
※表布・裏布はフリーステッチ用コットンクロスを使用
☆表布は大きめに用意し、刺しゅうをしてからカットする

実物大図案

※○の中の数字は糸の本数
※指定以外は2本どり
※刺しゅう糸の色は指定以外310
※指定のない刺し埋め部分はサテンS
※輪郭は310 2本どりで巻きかがる

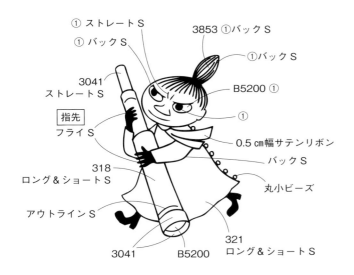

① ストレートS
① バックS
3041 ストレートS
指先 フライS
318
ロング＆ショートS
アウトラインS
3041
3853 ①バックS
①バックS
B5200 ①
①
0.5cm幅サテンリボン
バックS
丸小ビーズ
321 ロング＆ショートS
B5200
ロング＆ショートS

ブローチ作りに便利な道具

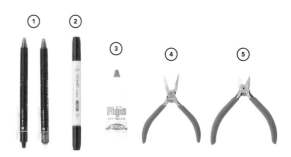

① **フリクションペン** ドライヤーやアイロンの熱を当てると印が消える。オーガンジーなどチャコペンが使えないときに便利。② **コピック** ブローチをカットした際、輪郭を塗りつぶすために使用。縁どりの糸に近い色を選んで。③ **ほつれ止め** ブローチの輪郭をカットする際、糸を切ってしまったときに使用。④ **ペンチ** オーガンジー刺しゅうのワイヤーを形づくる際に使用。⑤ **ニッパー** ワイヤーのカットに使用。

1. オーガンジー刺しゅうで望遠鏡を作ります

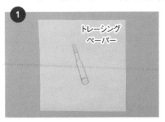

1 トレーシングペーパーに図案を写す。

2 オーガンジーに図案を写す。フープにオーガンジーを張った状態だと、フープを裏にすると写しやすい。トレーシングペーパーも裏にするのを忘れずに！

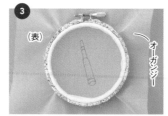

3 図案が写せたところ。

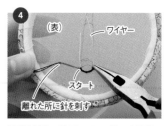

4 輪郭を刺す。約20cmのワイヤーを図案に沿わせ、刺しゅう糸2本どりで巻きかがる。

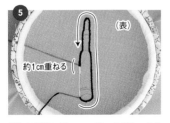

5 最初と最後は約1cmワイヤーを重ね、2本一緒に巻きかがる。

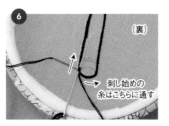

6 糸の始末をする。3目ずつ針を通すを2～3回繰り返す。

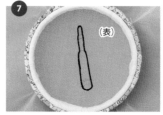

7 輪郭が刺せたところ。

8 実物大図案を参考に、内側を刺しゅうする。

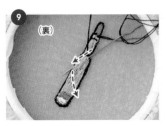

9 黒のラインを刺すとき、糸を切らずにくの字に糸を渡し次の刺し始めに移動する。

糸を切ってしまったらほつれ止めで補強を！

10 輪郭の糸を切らないように注意しながらオーガンジーをカットする。

2. ミイを刺しゅうします

1 表布にミイの図案を写す（P50参照）。薄い部分はフリクションペンなどで描き足して。

望遠鏡のラインより少し内側まで刺すのがポイント

2 実物大図案を参考に、輪郭と望遠鏡以外の刺しゅうをする。

3 望遠鏡をまち針でとめる。

4 実物大図案と比べながら残りの手の刺しゅうをする。心配な場合は上から図案を再度描いても。リボンを二つ折りにして縫いとめる。

3. 輪郭を縁どります

1 表布を一度フープからはずし、裏布と外表に重ねて再度フープに張る。

2 洋服と顔のくの字に曲がった部分からスタート。ワイヤーを図案に沿わせてくの字に曲げる。

4. 仕立てます

③
（表）

ワイヤーを輪郭に沿わせながら2本どりで巻きかがる。

④
少し曲げると刺しやすい
（表）

途中、望遠鏡の下にワイヤーを通し、巻きかがっていく。

⑤
（表）
2カ所とめると安心

靴部分はワイヤーを沿わせて巻きかがると内側も差し埋まる。望遠鏡とワンピースの裾が重なる部分2カ所も巻きかがりながら一緒にとめる。

①

周囲を粗裁ちしたあと、輪郭の糸を切らないように注意しながら表布と裏布をカットする。

（ 糸をカットしてしまったら ）

ほつれ止めをつけて補修しましょう。

（ 布が見える所は ）

糸と似た色のコピックで塗りつぶします。

②

ビーズをつける。右のイラストを参考に針に糸を通し、輪郭部分に針を刺し、糸のわに針を通す。

（ 玉どめを作らない方法 ）

糸端
わ

③

そのまま針を引く。これで玉どめをしなくてもOK。

④
ビーズ

ビーズを通し、輪郭の糸2～3本をすくう。

⑤
（裏）
離れた所に針を出す

同様に残りのビーズをとめる。刺し終わりは巻きかがりの糸に針を通し、少し離れた所に針を出して糸を切る。

⑥

刺しゅうが全てできたところ。

⑦
（裏）
ブローチピン
切り込み

裏に切り込みを入れる。ブローチピンの穴よりも少し短めにするのがおすすめ。

⑧
わたが多いと形が崩れるので注意！
（裏）
わた

切り込みからふんわりわたを詰める。

⑨
（裏）
縫いとめる

切り込みを縫いとじ、ブローチピンを重ね、3743 2本どりで縫いとめる。

＼ でき上がり ／

P6 ムーミントロールの
ブローチを作りましょう

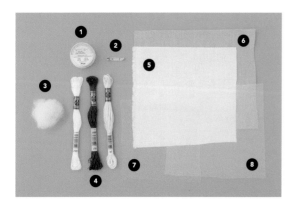

実物大図案

※○の中の数字は糸の本数
※指定以外は1本どり
※刺しゅう糸の色は指定以外3799
※輪郭は3799 2本どりで巻きかがる
※虫取り網の作り方はプロセス参照

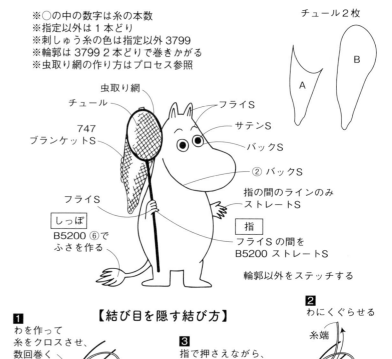

チュール2枚

虫取り網
チュール
747
ブランケットS
フライS
サテンS
バックS
② バックS
指の間のラインのみ
ストレートS
フライS

しっぽ
B5200 ⑥で
ふさを作る

指
フライSの間を
B5200 ストレートS

輪郭以外をステッチする

材料

1. #26ワイヤー約40cm
2. ブローチピン1本
3. わた少々
4. 25番刺しゅう糸
5. 6 表布・裏布7cm四方各1枚
7. チュール5cm四方
8. シルクオーガンジー7cm四方1枚

※刺しゅう糸の色番号は実物大図案参照
※表布・裏布はフリーステッチ用コットンクロスを使用
☆表布は大きめに用意し、刺しゅうをしてからカットする

【結び目を隠す結び方】

1
わを作って
糸をクロスさせ、
数回巻く
糸端
クロス部分を
指で押さえておく
糸端

2
わにくぐらせる
糸端

3
指で押さえながら、
ゆっくり糸を引き、
結び目を中に隠す

1. オーガンジー刺しゅうで虫取り網を作ります

1

ホチキスで
とめる
トレーシング
ペーパー
チュール

図案を写したトレーシングペーパーにチュールを重ねてホチキスで数カ所とめ、2枚一緒にカットする。

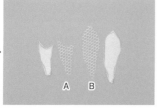
A B

2
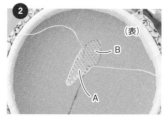
B
A
（表）

オーガンジーに図案を写し、チュールAの上にBを重ね、周囲をブランケットステッチする。

3
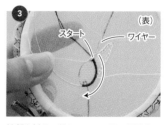
スタート
ワイヤー
（表）

輪郭を刺す。約20cmのワイヤーを図案に沿わせ、刺しゅう糸2本どりで輪っかの根元から巻きかがる。

④ 輪っかを1周刺せたら、ペンチを使って図案に沿ってワイヤーを曲げる。

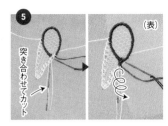

⑤ 持ち手部分はワイヤーを2本一緒に巻きかがる。

突き合わせてカット

（表）

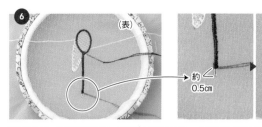

⑥ 残り約0.5cmの所からワイヤー1本ずつ巻きかがる。裏側で糸の始末をする。

（表）

約0.5cm

⑦ 輪郭の糸を切らないように注意しながらオーガンジーをカットする。

糸を切ってしまったらほつれ止めで補強を！

2. ムーミントロールを刺しゅうします

① 表布にムーミンの図案を写し、輪郭と虫取り網以外の刺しゅうをする。

（表）

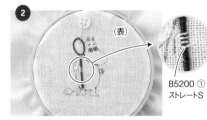

② 虫取り網をまち針でとめ、手の刺しゅうをする。

（表）

B5200 ①
ストレートS

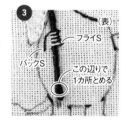

③ 手の縁どりの刺しゅうをし、虫取り網の下側を1カ所縫いとめる。

（表）

フライS

バックS

この辺りで1カ所とめる

3. 輪郭を縁どります

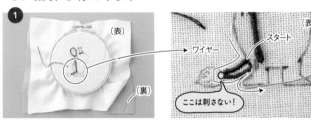

① 表布を一度フープからはずし、裏布と外表に重ねて再度フープに張る。胴としっぽのつけ根のくの字に曲がった部分からスタート。ワイヤーを図案に沿わせ、2本どりで巻きかがる。しっぽの先はあとからふさをつけるのでワイヤー部分を残す。

（表）（裏）

ワイヤー

スタート

ここは刺さない！

② ワイヤーの端は約1cm重ねて2本一緒に巻きかがる。

4. しっぽを作ります

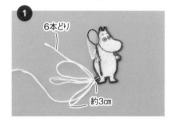

① 刺しゅう糸6本どりで、写真のようにしっぽの先に糸をつけ、ふさを作る。

6本どり

約3cm

② 刺しゅう糸1本どりでふさの根元を結ぶ。結び方はP54の結び目を隠す結び方を参照。

結ぶ

約0.3cm

③ 約1cmの長さにカットし、しっぽの形に整える。

約1cm

\\ でき上がり //

P53 **4.仕立てます**の⑦～⑨を参照し、わたを入れ、ブローチピンをつけたら完成。

（裏）（表）

How to make
作品の作り方

＊刺しゅうをする生地は指定の寸法よりも大きめに用意し、
　刺しゅうをしてからカットします。

＊長さの単位は指定以外㎝です。

＊↕は布の縦地を表す記号です。

＊材料に入る布の寸法は横(幅)×縦(長さ)です。

＊実物大図案の見方は P5を参照してください。

P7 <u>A</u> どこでもいっしょブローチ

でき上がり：約縦5.5×横4cm

【材料】（ムーミンパパ）

表布（ホワイト）7cm四方1枚
裏布（スモーキーブルー）7cm四方1枚
※生地はフリーステッチ用コットンクロス
#26ワイヤー　約30cm
直径1.5mmコード　4.5cm
竹ビーズ（シルバー）1個

丸小ビーズ（赤）1個
つぶし玉　1個
ブローチピン　1個
わた
25番刺しゅう糸
※刺しゅう糸の色は実物大図案参照
☆表布は大きめに用意し、刺しゅうをしてからカットする

【作り方】

① 釣り竿を作る

1
コードの先に糸（310 ①）を結び、ボンドでとめる

2
玉結び
竹ビーズ
玉結び
丸小ビーズ
つぶし玉
コード

2
玉結びをしながら
竹ビーズ、丸小ビーズを通し、
つぶし玉でとめる

② 表布に輪郭と釣り竿にかかる部分以外の刺しゅうをする

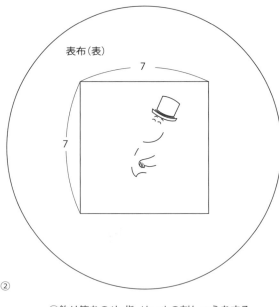

表布（表）
7
7

③ 釣り竿をのせ、指、リールの刺しゅうをする

釣り竿
コードの上から刺しゅう

【実物大図案】

※○の中の数字は糸の本数
※指定以外は1本どり
※刺しゅう糸の色は指定以外310
※指定のない刺し埋め部分はサテンS
※釣り竿は上の作り方を参照

B5200 ②
ロングアンドショートS

E310 ②

コード

E310
アウトラインS

フライS

② バックS

バックS

B5200 ②
ストレートS

ストレートS

バックS

3072

フライS

輪郭
② 巻きかがり

B5200 ⑥で
しっぽを作る（P55参照）

④一度表布をフープからはずし、裏布を
外表に重ねて2枚一緒に再度フープに張る

裏布（裏）

表布（表）

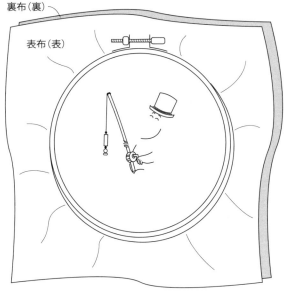

⑤輪郭に沿ってワイヤーを巻きかがりながらとめる

裏布（裏）

表布（表）

ワイヤー

竿に沿って
巻きかがる

しっぽの先は
ワイヤーを渡すのみで
巻きかがりしない

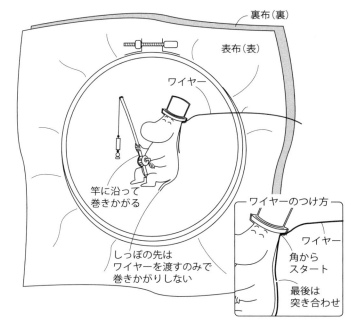

ワイヤーのつけ方

ワイヤー
角から
スタート

最後は
突き合わせ

⑥輪郭に沿ってカットする
（P53参照）
⑦しっぽを作る（P55参照）

糸をカットしてしまった場合は
ほつれ止めを塗って

根元を
結ぶ

糸のわをカット　　B5200 ⑥

約0.5

形を整える

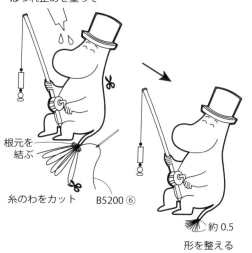

⑧裏布に切り込みを入れてわたを詰め、
25番刺しゅう糸 168 ②で
ブローチピンを縫いつける（P53参照）

裏布
（表）

わた

裏布に
のみ
切り込み
を入れる

とじる

ブローチピン

切り込みを隠すように
168 ②で縫いとめる

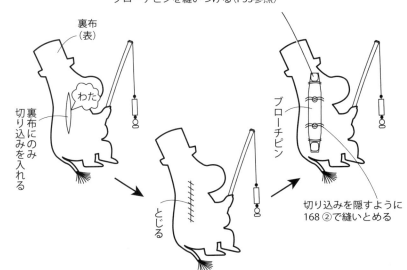

P6・7 A どこでもいっしょブローチ

でき上がり：各約縦5×横3cm

【材料】（スノークのおじょうさん）
表布（ホワイト）7cm四方1枚
裏布（オリーブグリーン）7cm四方1枚
※生地はフリーステッチ用コットンクロス
#26ワイヤー　約25cm
ブローチピン　1個
わた
25番刺しゅう糸
※刺しゅう糸の色は実物大図案参照
☆表布は大きめに用意し、刺しゅうをしてからカットする

【作り方】　※基本的な作り方はP58・59と同じです
①表布に輪郭とリボン以外の刺しゅうをする
②P59の作り方④〜⑥、⑧と同様にしてブローチに仕立てる

【材料】（ムーミンママ）
表布（ホワイト）7cm四方1枚
裏布（ピンク）7cm四方1枚
※生地はフリーステッチ用コットンクロス
#26ワイヤー　約25cm
直径2.5mmビーズ（ゴールド）1個
直径5mmCカン（ゴールド）2個
ブローチピン　1個
わた
25番刺しゅう糸
※刺しゅう糸の色は実物大図案参照
☆表布は大きめに用意し、刺しゅうをしてからカットする

【実物大図案】

※○の中の数字は糸の本数
※指定以外は2本どり
※刺しゅう糸の色は指定以外3799
※指定のない刺し埋め部分はサテンS

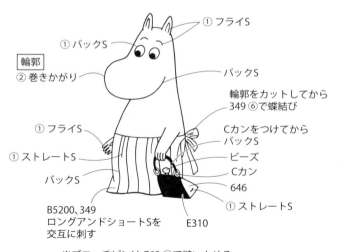

702
レイズドリーフS

725
ロングアンドショートS

760 スミルナS

① フライS

B5200
フレンチノットS
2回巻き

① バックS

バックS

702 ストレートS

① フライS

① バックS

輪郭
② 巻きかがり

760 スミルナS

702 ストレートS

バックS

E3852
アウトラインS

※ブローチピンは647②で縫いとめる

① フライS

① バックS

輪郭
② 巻きかがり

バックS

① フライS

① ストレートS

バックS

B5200、349
ロングアンドショートSを
交互に刺す

E310

輪郭をカットしてから
349⑥で蝶結び

Cカンをつけてから
バックS

ビーズ

Cカン

646

① ストレートS

※ブローチピンは760②で縫いとめる

ステッチの刺し方 ❶

スノークのおじょうさんのブローチに
使った立体的な2種類の刺し方

＜ スミルナステッチ ＞

※実際のステッチは図案のサイズに合わ
せて花びらの数を減らして刺してください。

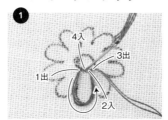

玉どめして糸を裏から表に出し（1出）、右隣
に刺す（2入）。次の花びらの半分の所に針
を出し（3出）、1と2の間に針を刺す（4入）。

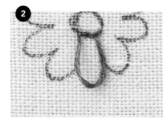

フリンジを指で押さえながら糸を引く。1個
めのフリンジができたところ。

次のフリンジは2入の所から針を出し、同
様にして残りの花びらを刺していく。

全部刺せたら印を消す。

花はスミルナステッチの花びらを5枚や4枚で刺す。
ブローチから飛び出る部分の葉をレイズドリーフス
テッチで刺して。しおりのスナフキンの花はスミルナ
ステッチのループ部分をカットし、ふさふさにしている。

＜ レイズドリーフステッチ ＞

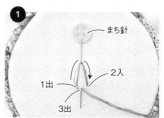

まち針を葉の先から刺して根元の間に刺す。玉どめをし
て糸を裏から表に出し（1出）、まち針に糸をかけて右側
に刺す（2入）。葉の根元の中央から針を出す（3出）。

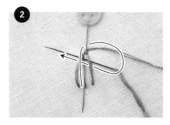

まち針に左側から糸をかけ、3本の糸の
右側から下、上、下の順に針をくぐらせ、
糸を通す。

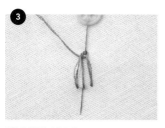

1段めを通したところ。

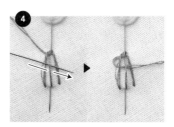

2段めは左側から上、下、上の順に針をくぐらせ、
糸を通す。糸を引きすぎると細い葉になってしまう
ので、図案に合わせて糸の引き具合を調整して。

右から左、左から右
を交互に

根元まで❷～❹を繰り返す。

まち針をはずすと根元以外の葉が浮いた
状態でステッチが完成。

61

P10 <u>D</u> ポットマット

でき上がり：約18cm四方

【材料】
表布（ライトハニー）20cm四方2枚
ループ（ライトハニー）4×10cm1枚
※生地はフリーステッチ用コットンクロス
キルト芯　20cm四方3枚
25番刺しゅう糸
※刺しゅう糸の色は実物大図案参照
☆表布は大きめに用意し、刺しゅうをしてからカットする

【作り方】

①表布1枚に刺しゅうをしてカットする

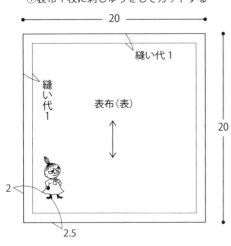

②ループを作る

四つ折りにして
ステッチをかける

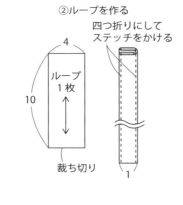

【実物大図案】

※○の中の数字は糸の本数
※指定以外は1本どり
※刺しゅう糸の色は指定以外310
※指定のない刺し埋め部分はサテンS

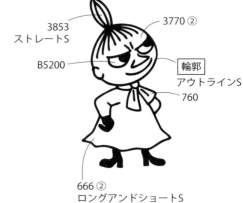

3853
ストレートS
3770 ②
B5200
輪郭
アウトラインS
760
666 ②
ロングアンドショートS

③①にループを仮どめする

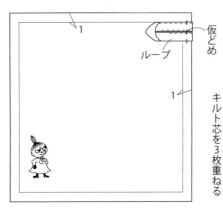

④表布2枚を中表に合わせ、キルト芯3枚を重ねて周囲を縫う（返し口を縫い残す）

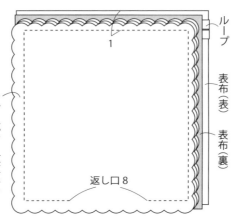

⑤表に返して返し口をとじる
⑥周囲にステッチをかける

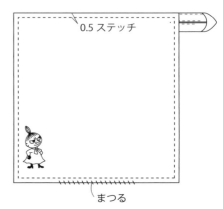

0.5 ステッチ

まつる

P10 E ランチョンマット

でき上がり：約縦30×横40cm

【材料】

表布（オリーブグリーン）43×33cm1枚
※生地はフリーステッチ用コットンクロス
25番刺しゅう糸
※刺しゅう糸の色は実物大図案参照
☆表布は大きめに用意し、刺しゅうをしてからカットする

P11 F ブレッドカバー

でき上がり：約縦35×横30cm

【材料】

表布（ピンク）33×38cm1枚
※生地はフリーステッチ用コットンクロス
25番刺しゅう糸
※刺しゅう糸の色は実物大図案参照
☆表布は大きめに用意し、刺しゅうをしてからカットする

【作り方】（共通）

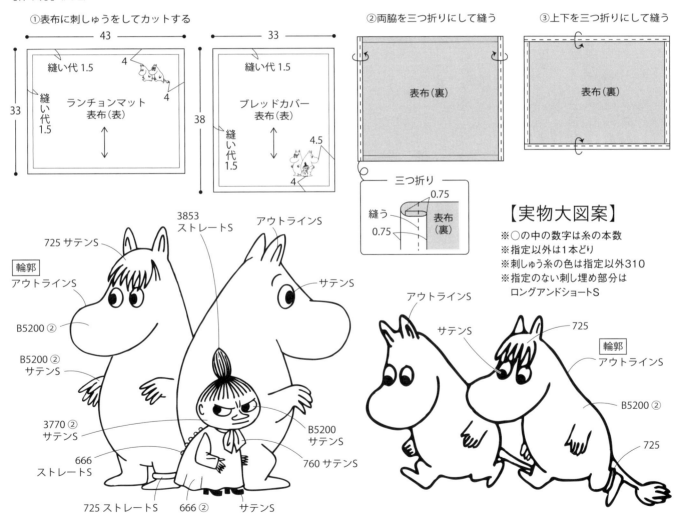

①表布に刺しゅうをしてカットする

43

縫い代1.5

縫い代1.5

33

ランチョンマット
表布（表）

4

4

33

縫い代1.5

縫い代1.5

38

ブレッドカバー
表布（表）

4.5

4

②両脇を三つ折りにして縫う

表布（裏）

③上下を三つ折りにして縫う

表布（裏）

三つ折り

0.75

縫う

0.75

表布
（裏）

【実物大図案】

※○の中の数字は糸の本数
※指定以外は1本どり
※刺しゅう糸の色は指定以外310
※指定のない刺し埋め部分は
　ロングアンドショートS

725 サテンS

3853
ストレートS

アウトラインS

サテンS

輪郭
アウトラインS

B5200 ②

B5200 ②
サテンS

3770 ②
サテンS

666
ストレートS

725 ストレートS

666 ②

サテンS

B5200
サテンS

760 サテンS

アウトラインS

サテンS

725

輪郭
アウトラインS

B5200 ②

725

P12 **G** しおり

でき上がり：（スニフ）約7.5cm四方、（スナフキン）約縦8.5×横5.5cm

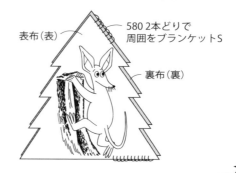

【材料】（スニフ）
表布（モカベージュ）10cm四方1枚
裏布（マスタード）10cm四方1枚
※生地はフリーステッチ用コットンクロス
25番刺しゅう糸
※刺しゅう糸の色は実物大図案参照
☆表布は大きめに用意し、刺しゅうをしてからカットする

【材料】（スナフキン）
表布（オリーブグリーン）10cm四方1枚
裏布（ターコイズグリーン）10cm四方1枚
※生地はフリーステッチ用コットンクロス
25番刺しゅう糸
※刺しゅう糸の色は実物大図案参照
☆表布は大きめに用意し、刺しゅうをしてからカットする

【作り方】

①表に刺しゅうをしてカットする
②裏布も型紙に合わせてカットする

③表布と裏布を外表に重ね、
　周囲をブランケットステッチする

表布（表）

580 2本どりで
周囲をブランケットS

裏布（裏）

④タッセルを作ってつける

1 783（580）を
6本どりで10回巻く

別糸
783（580）6本どり

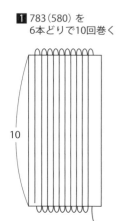

10

8

結び目

2 台紙からはずす。
別糸をわに結ぶ

3 結び目を隠すように
半分に折る

0.5

4 580（783）
6本どりで
5回巻いて結ぶ

5 わをカットする

6 頭を押さえてコームでとき、
カットして長さを整える

7 ひものわを針に通して
しおりの頂点に刺し、
わにタッセルを通す

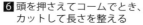

※（　）内はスナフキンの糸の色

【実物大図案】

※○の中の数字は糸の本数
※指定以外は2本どり
※刺しゅう糸の色は指定以外310
※指定以外のステッチと刺しゅう糸の色は
　P30・31を参照

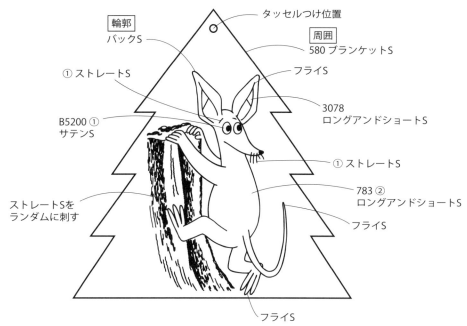

タッセルつけ位置

輪郭
バックS

① ストレートS

B5200 ①
サテンS

ストレートSを
ランダムに刺す

周囲
580 ブランケットS

フライS

3078
ロングアンドショートS

① ストレートS

783 ②
ロングアンドショートS

フライS

フライS

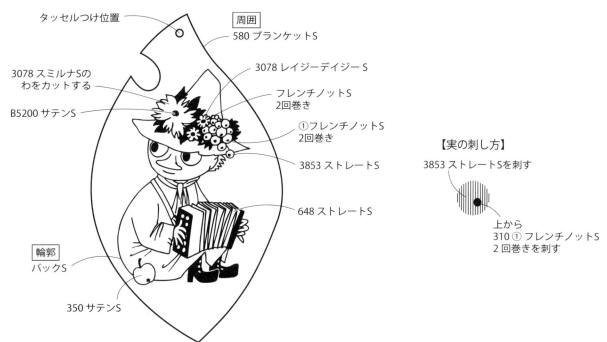

タッセルつけ位置

周囲
580 ブランケットS

3078 スミルナSの
わをカットする

B5200 サテンS

3078 レイジーデイジー S

フレンチノットS
2回巻き

①フレンチノットS
2回巻き

3853 ストレートS

648 ストレートS

輪郭
バックS

350 サテンS

【実の刺し方】

3853 ストレートSを刺す

上から
310 ① フレンチノットS
2 回巻きを刺す

P13 H 絵描きのスケッチブック

でき上がり：約縦16×横23cm

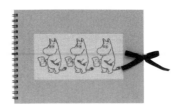

【材料】

表布（アイボリー）　18×10cm1枚
※生地はフリーステッチ用コットンクロス
スケッチブック　23×16cm1冊
画用紙　21×15cm1枚
25番刺しゅう糸
※刺しゅう糸の色は実物大図案参照
☆表布は大きめに用意し、刺しゅうをしてからカットする

【作り方】

①表布に刺しゅうをしてカットする

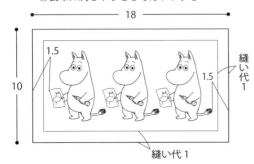

②スケッチブックの表紙をカッターでカットする

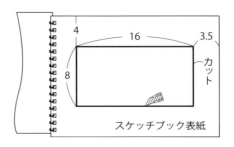

③表紙の裏に表布を貼る

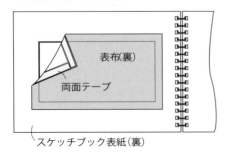

④③の上に表紙と似た色の画用紙を貼って目隠しする

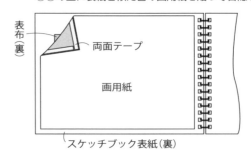

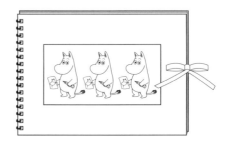

66

【実物大図案】

※○の中の数字は糸の本数
※指定以外は2本どり
※刺しゅう糸の色は指定以外3799

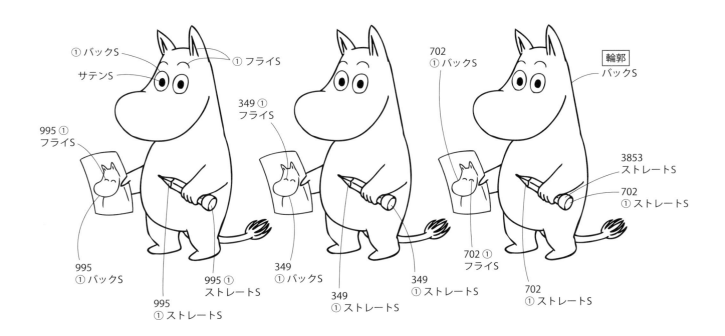

① バックS　　　　① フライS
サテンS

349 ①
フライS

995 ①
フライS

702
① バックS

輪郭
バックS

3853
ストレートS

702
① ストレートS

995
① バックS

995 ①
ストレートS

995 ①
ストレートS

349
① バックS

349
① ストレートS

349
① ストレートS

702 ①
フライS

702
① ストレートS

P15 J ぺたんこミニきんちゃく

でき上がり：各約縦20×横15cm

【材料】(ニョロニョロ)
表布（ブルー）17×42cm1枚
裏布（グレー）17×42cm1枚
※生地は表布・裏布ともにコットン
ひも　50cm2本
25番刺しゅう糸
※刺しゅう糸の色は実物大図案参照
☆表布は大きめに用意し、刺しゅうをしてからカットする

【材料】(スナフキン)
表布（グリーン）17×42cm1枚
裏布（グレー）17×42cm1枚
※生地は表布・リネン、裏布・コットン
ひも　50cm2本
25番刺しゅう糸
※刺しゅう糸の色は実物大図案参照
☆表布は大きめに用意し、刺しゅうをしてからカットする

【寸法図】

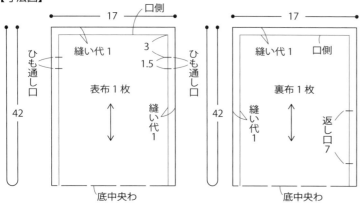

【作り方】

①表布に刺しゅうをしてカットする

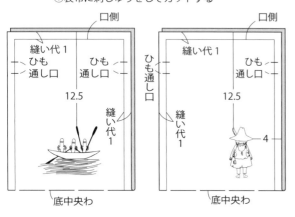

②表布と裏布を中表に重ね、口側を縫う

③表布・裏布をそれぞれ
中表に合わせ、両脇を縫う
（表布にひも通し口、
裏布に返し口を縫い残す）

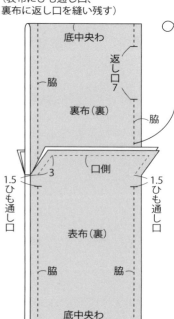

④縫い代を割って表に返し、
　返し口をとじる
⑤ひも通しを縫う

⑥両側からひもを通して結ぶ

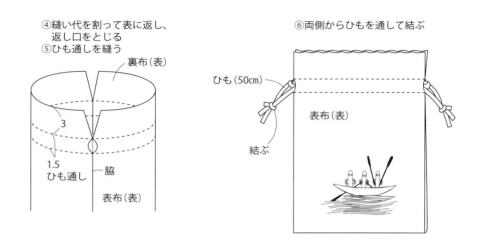

裏布（表）

3

1.5
ひも通し　　脇

表布（表）

ひも（50cm）

結ぶ

表布（表）

【実物大図案】

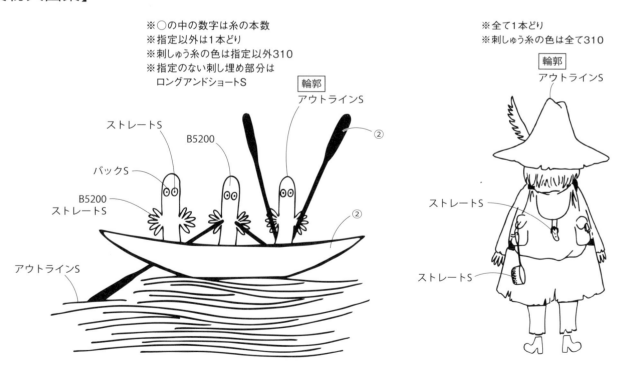

※○の中の数字は糸の本数
※指定以外は1本どり
※刺しゅう糸の色は指定以外310
※指定のない刺し埋め部分は
　ロングアンドショートS

輪郭
アウトラインS

ストレートS

B5200

バックS

B5200
ストレートS

アウトラインS

②

②

※全て1本どり
※刺しゅう糸の色は全て310

輪郭
アウトラインS

ストレートS

ストレートS

ステッチの刺し方 ❷　本書で使っているステッチの刺し方

＜ストレートステッチ＞

1出
2入

＜バックステッチ＞

1出
2入
3出

＜アウトラインステッチ＞

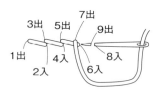

3出　5出　7出
9出
1出　4入　8入
2入　6入

＜ブランケットステッチ＞

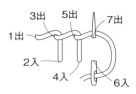

3出　5出　7出
1出
2入
4入　6入

＜レイジーデイジーステッチ＞

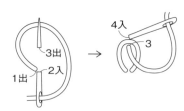

3出
1出　2入
→
4入
3

＜チェーンステッチ＞

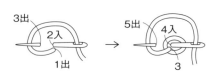

3出
2入
1出
→
5出
4入
3

＜ロングアンドショートステッチ＞

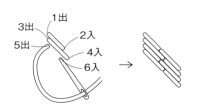

1出
3出　2入
5出　4入
6入
→

＜サテンステッチ＞

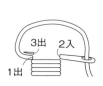

3出　2入
1出

＜スプリットステッチ（2本どり）＞

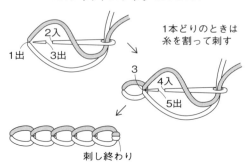

2入
1出　3出
1本どりのときは
糸を割って刺す
3
4入
5出
刺し終わり

< フレンチノットステッチ >

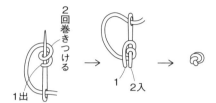

< フライステッチ >

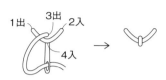

< バリオンテッチ >

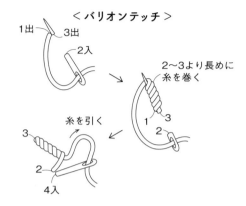

< ホイールステッチ >　※P23ムーミンママの貝殻で使ったステッチです。

1
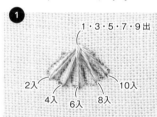
貝殻の図案に合わせて5本の糸を張る。

2
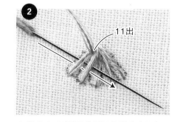
左端の糸の根元内側から針を出し（11出）、左の2本の糸の下をくぐらせる。

3
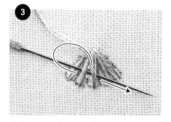
糸を通したら左から2番めと3番めの糸の下をくぐらせる。

4
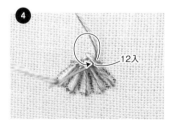
同様に1本ずらして2本ずつ糸をくぐらせるをあと2回繰り返し、端までいったら右端の根元内側に針を入れる（12入）。

5

1段めが刺せたところ。

6
全て左から右へ
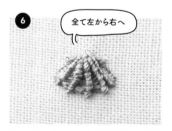
同様に2〜4を繰り返して2段め以降を刺す。全て左から右へ糸を2本ずつくぐらせて刺していく。

刺しゅう・作品製作（50音順）

相崎美帆
https://www.instagram.com/pelangi.miho/

kana
https://www.instagram.com/ckmnxa/

渡部友子
https://www.instagram.com/a_little_bird_embroidery/

staff
ブックデザイン ········· 入江あづさ (inlet design)
撮影 ···················· 花田 梢
　　　　　　　　　　有馬貴子 (本社写真編集室)
　　　　　　　　　　岡 利恵子 (本社写真編集室)
スタイリング ·········· 石川美和
ステッチイラスト ······· 鈴木愛子
校閲 ··················· 滄流社
製図・編集 ··········· 北川恵子

素材協力
クロバー株式会社
☎ 06-6978-2277 (お客様係)
https://clover.co.jp

DMC
☎ 03-5296-7831
https://www.dmc.com

撮影協力
AWABEES
UTUWA

ムーミンとゆかいな仲間たち
ワンポイント刺しゅう図案

編集人　石田由美
発行人　倉次辰男
発行所　株式会社主婦と生活社
　　　　〒104-8357　東京都中央区京橋 3-5-7
　　　　編集部 ☎ 03-3563-5361
　　　　販売部 ☎ 03-3563-5121
　　　　生産部 ☎ 03-3563-5125
　　　　https://www.shufu.co.jp/
製版所　東京カラーフォト・プロセス株式会社
印刷所　凸版印刷株式会社
製本所　株式会社若林製本工場

ISBN978-4-391-15607-2